AF250683

NOTICE

SUR LA MAISON

de Talleyrand-Périgord

PAR

JEAN DE JAURGAIN

PARIS

TYPOGRAPHIE GASTON NÉE

1, RUE CASSETTE, 1

1891

NOTICE

SUR LA MAISON

de Talleyrand-Périgord

PAR

JEAN DE JAURGAIN

PARIS

TYPOGRAPHIE GASTON NÉE

1, RUE CASSETTE, 1

1891

NOTICE

DE TALLEYRAND - PÉRIGORD

La terre de Valençay, située sur les confins du Berry et de la Tourraine, fut acquise de la maison de Clermont, au xvᵉ siècle, par Robert d'Etampes, chambellan du roi Charles VII. Elle devint l'apanage de la branche la plus illustre de cette famille et passa, au siècle dernier, entre les mains d'un fermier général, M. de Villemorien, qui la vendit, en 1801, au célèbre Charles-Maurice de Talleyrand-Périgord dont le corps repose dans la chapelle du château.

Le château de Valençay, commencé par Philibert Delorme et achevé au xviiiᵉ siècle, a la forme d'une équerre. La façade se compose d'un superbe donjon et de deux corps de logis inégaux, terminés par deux tours à coupole arrondie surmontée d'une lanterne.

L'ornementation intérieure en est splendide. On n'y compte pas moins de vingt-cinq appartements. Au premier étage se trouvent la chapelle, une vaste et riche bibliothèque, et de grandioses galeries tapissées de tableaux de maîtres, décorées de bustes en marbres et de magnifiques bas-reliefs.

On sait que le roi Ferdinand VII d'Espagne et son oncle don Antonio, victimes de la duplicité du prince de Bénévent, furent internés à Valençay de 1808 à 1815. On voit encore, dans les remises du château, le carrosse qui de Bayonne les amena là, en quatorze jours.

Cet édifice princier qui domine un site grandiose, entouré de bois, est séparé des jardins et du parc par un large fossé. Un pont de belles proportions donne accès dans le château et la cour intérieure dont les deux façades principales sont décorées d'élégantes arcades.

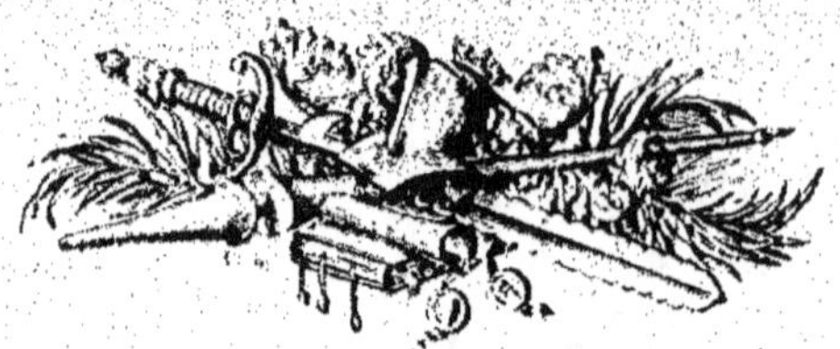

TALLEYRAND-PÉRIGORD

Ducs pairs de Périgord 1814,
de Talleyrand 1817,
princes de Chalais, xv° siècle,
grands d'Espagne 1714.

ARMES

De gueules à trois lions d'or, lampassés, armés
et couronnés d'azur.
Couronne antique de prince sur l'écu et couronne
ducale sur le manteau.
Supports : *deux aigles*, alias *deux lions*.
Cimier : *un lion couronné assis entre deux cornes*.
Devise : RE QUE DIOU.

BIEN que l'origine des Talleyrand-Périgord ait donné lieu à des contestations passionnées, il n'en demeure pas moins péremptoirement établi que cette illustre et puissante maison est issue, en ligne directe, des anciens comtes de la Marche, devenus comtes de Périgord, au x° siècle, par le mariage de Boson Ier, dit le Vieux, comte de La Marche, fils de Simplice et petit-fils de Geoffroy, comte de Charroux, avec Emme, fille de Guillaume, comte de Périgord et petite-fille de Wulgrin, établi comte d'Angoulême et de Périgord, par Charles le Chauve, et mort le 3 mai 886.

Le comté de Périgord échut à Emme, en 975, à la mort du comte Arnaud Bouration, son neveu, et passa, d'abord, à Hélie Ier, son fils aîné, qui ne laissa pas de postérité, puis, vers 980, à son second fils Adalbert Ier. Le troisième fils d'Emme, Boson II, mort en 1006, fut comte de la Marche.

Après le décès d'Adalbert Ier, Bernard, son fils, eut le comté de la Marche, et Hélie II, fils de Boson II, succéda au comté de Périgord, en vertu d'une sentence arbitrale de Guillaume le Grand, duc d'Aquitaine, qui avait épousé Almodis, mère de Hélie II. Celui-ci eut pour suc-

cesseur Adalbert II, surnommé Cadoirac, son fils, marié à Asceline, dame de Grignols. Enfin Hélie V, surnommé Talleyrand, comte de Périgord, de 1166 à 1205, petit-fils d'Adalbert II et d'Asceline de Grignols laissa, entre autres enfants, Archambaud II, comte de Périgord, dont la postérité masculine s'éteignit au xv° siècle, et Hélie Talleyrand, qui d'après les savants auteurs de l'*Art de vérifier les dates* (édition de 1784, t. 2, pages 380 et 383), reçut en apanage la seigneurie de Grignols et fut la tige de la branche de Talleyrand-Périgord.

L'opinion des Bénédictins est basée sur les preuves faites pour l'ordre du Saint-Esprit, en 1767, devant M. de Beaujon, généalogiste des ordres du roi, par Gabriel-Marie de Talleyrand-Périgord, comte de Périgord, prince de Chalais, etc., maréchal de camp, et, depuis lieutenant général des armées du roi, et sur des documents originaux qui ont été publiés par M. de Saint-Allais dans son *Précis historique sur les comtes de Périgord et sur les branches qui en descendent* (Paris, 1836, in-4° de 94 pages, avec un supplément de *Pièces justificatives* de 22 pages).

L'auteur d'une notice publiée dans le *Bulletin de la Société héraldique et généalogique de France* (1re année, 1879, in-8°, colonne 308), ne paraît pas avoir connu l'ouvrage de M. de Saint-Allais : « La maison de Talleyrand — dit-il — n'établit sa filiation suivie que depuis Raymond Talleyrand, chevalier, seigneur de Grignols et de Chalais, marié en 1305, à Marguerite de Beynac. On sait que ce Raymond Talleyrand était fils d'Hélie, lequel tenait de sa femme la seigneurie de Chalais. Antérieurement à ce Raymond et à cet Hélie, on trouve plusieurs personnages du nom de Hélie, Archambaud, Boson, tous surnommés Talleyrand et qui semblent être parents entre eux et avec les comtes de Périgord. Les armes de Talleyrand sont les mêmes que celles du comté de Périgord. C'est sur cet ensemble de présomptions que s'est établie l'opinion qui fait descendre la maison de Talleyrand des anciens comtes de Périgord. Les preuves données par Baluze, dans son *Histoire de la Maison d'Auvergne*, sont insuffisantes pour établir d'une façon claire la jonction des premiers degrés, et, quoi qu'en ait dit Lainé (*Dictionnaire véridique*), les preuves faites en 1767 pour l'ordre du Saint-Esprit ne sont pas plus concluantes. Il faut reconnaître, cependant, que l'origine à laquelle prétendent les Talleyrand, a pour elle une très grande vraisemblance. Le nom de Périgord a été joint à celui de Talleyrand vers le milieu du dernier siècle. »

Avant d'analyser les divers documents qui dans leur ensemble donnent la preuve, — absolument concluante, à notre avis — de la commune origine des comtes de Périgord et des Talleyrand, il convient d'observer que le nom de Grignols fut d'abord porté par Boson III, comte de Périgord, fils d'Adalbert II et d'Asceline, pendant la vie de Hélie III, son frère aîné, et de Hélie IV, son neveu, auquel il succéda. Un frère de Hélie IV, Guillaume Talleyrand qui vivait en 1128, paraît être le premier de sa race qui ait porté ce surnom de Talleyrand. En 1182, Hélie V, comte de Périgord, cousin germain de ce Guillaume, est également surnommé Talleyrand et dit fils de Boson de Grignols — « Helias Taleyrandus, filius Bosonis de Grainol, Petragoricum duci (Richardo) tradidit castrum, qui, destructis murorum propugnaculis, pacem cum eodem comite fecit » Dom Bouquet, *Recueil des historiens de la France*, t. 18, page 212 D).

I. — Ainsi que nous venons de le dire, l'auteur de la branche de Talleyrand-Périgord i{t} HÉLIE TALLEYRAND, troisième fils de Hélie V Talleyrand, comte de Périgord, et de Raymonde de Turenne.

Sa filiation est prouvée par une charte de 1199 : « Helias, Dei gratiâ Petragoricensis comes... cum Heliâ Talairan, filio meo » (*Cartulaire de l'abbaye de Chancelade*, f° 190 v°). — Dans son *Histoire du Périgord*, manuscrit conservé à la Bibliothèque Nationale, La Grange-Chancel cite une autre charte souscrite par le même Hélie V, en présence d'Hélie Talleyrand, son

ORIGINE

PÉRIGORD

LA MARCHE

Wulgrin, comte d'Angoulême et de Périgord, † en 886. Marié à Rogelinde, fille de Bernard, duc de Toulouse.

Geoffroy, comte de Charroux ou de la Marche.

Alduin, comte d'Angoulême, † en 916.

Guillaume, comte de Périgord et d'Agenais, † en 920.

Sulpice, comte de la Marche.

Guillaume surnommé Taillefer, comte d'Angoulême, † vers 962, sans postérité légitime.

Bernard, comte de Périgord en 920, † en 924, Marié : 1° à Gersende ; 2° à Emma.

Emma, comtesse de Périgord, en 975. Mariée à Boson 1er, comte de la Marche.

Boson 1er, dit le Vieux, comte de la Marche en 911, comte de Périgord en 975, du chef de sa femme, Emma.

Arnaud, surnommé Bouration, comte de Périgord, † en 975, sans postérité.

Hélie 1er, comte de Périgord, † vers 980, sans postérité.

Adalbert 1er, comte de Périgord et de la Marche en 980.

Boson II, comte de la Marche, mort en 1006, Marié à Almodis, fille de Géraud, vicomte de Limoges.

GRIGNOLS

Bernard, comte de la Marche ; a continué cette dynastie.

Hélie II, partagea avec son cousin et eut le comté de Périgord. Il vivait encore en 1031. Marié à Adèle alias Amélie.

Boson, seigneur de Grignols et de Neuvic, en 1099.

Adalbert II, dit Cadoirac, comte de Périgord, † en 1101. Marié à Asceline, dame de Grignols.

Asceline, dame de Grignols, mariée à Adalbert II, comte de Périgord.

Hélie III, comte de Périgord, associé au gouvernement de son père dès l'an 1080, † avant 1101. Marié à Vasconie de Foix.

Boson III, dit de Grignols, eut ce fief en partage et fut associé, dès 1110, au gouvernement de son neveu auquel il succéda comme comte de Périgord avant 1155. Marié à Comtoresse.

Raymond, dit de Grignols et de Mareuil, archevêque de Bordeaux.

Adalbert, seigneur de Montguilhem.

Hélie IV, surnommé Rudel, comte de Périgord, 1101-1146, † sans postérité.

Guillaume, surnommé Talleyrand en 1123, † sans postérité.

Hélie V, surnommé Talleyrand, comte de Périgord en 1166, † en 1205. Marié à Raymonde, fille de Raymond II, vicomte de Turenne, et d'Hélis de Castelnau.

Guillaume Talleyrand, marié à Mathilde.

Ranulfe Talleyrand, abbé de la Faize, 1178.

Olivier, seigneur de Mauriac.

Adalbert.

Boson.

Archambaud 1er, comte de Périgord, † en 1212, sans postérité.

Archambaud II, comte de Périgord, après son frère, † vers 1243.

Hélie Talleyrand 1er, seigneur de Grignols, nommé avec son père en 1199.

Herman, grand maître de l'ordre des Templiers, † en 1247.

CHALAIS

Hélie VI, surnommé de Talleyrand, comte de Périgord en 1215, † en 1251. Marié : 1° à Brunissende ; 2° à Gaillarde (B).

Boson de Talleyrand 1er, seigneur de Grignols en 1213-1251. Marié à Marguerite.

Olivier, seigneur de Chalais.

(B) Archambault III, comte de Périgord en 1251-1295. Marié : 1° à Agnès de Blaye, 2° à Marguerite de Limoges ; 3° à Marie de Bermond (B).

Boson de Grignols en 1251, † sans postérité.

Hélie de Talleyrand II, seigneur de Grignols, mineur en 1255 et 1261. Vivait encore en 1321. Marié à Agnès, dame de Chalais.

Agnès, dame de Chalais, mariée à Hélie Talleyrand II seigneur de Grignols.

Hélie, seigneur de Chalais, † sans postérité.

(A) Hélie VII de Talleyrand, comte de Périgord. 1295-1311. A continué les comtes de Périgord éteints au XVe siècle.

(B) Boson, seigneur d'Estissac, 1302.

(B) Archambaud, abbé de Saint-Astier, 1316.

Raymond de Talleyrand, sire de Grignols et de Chalais, 1321-1311. A continué la maison de Talleyrand-Périgord.

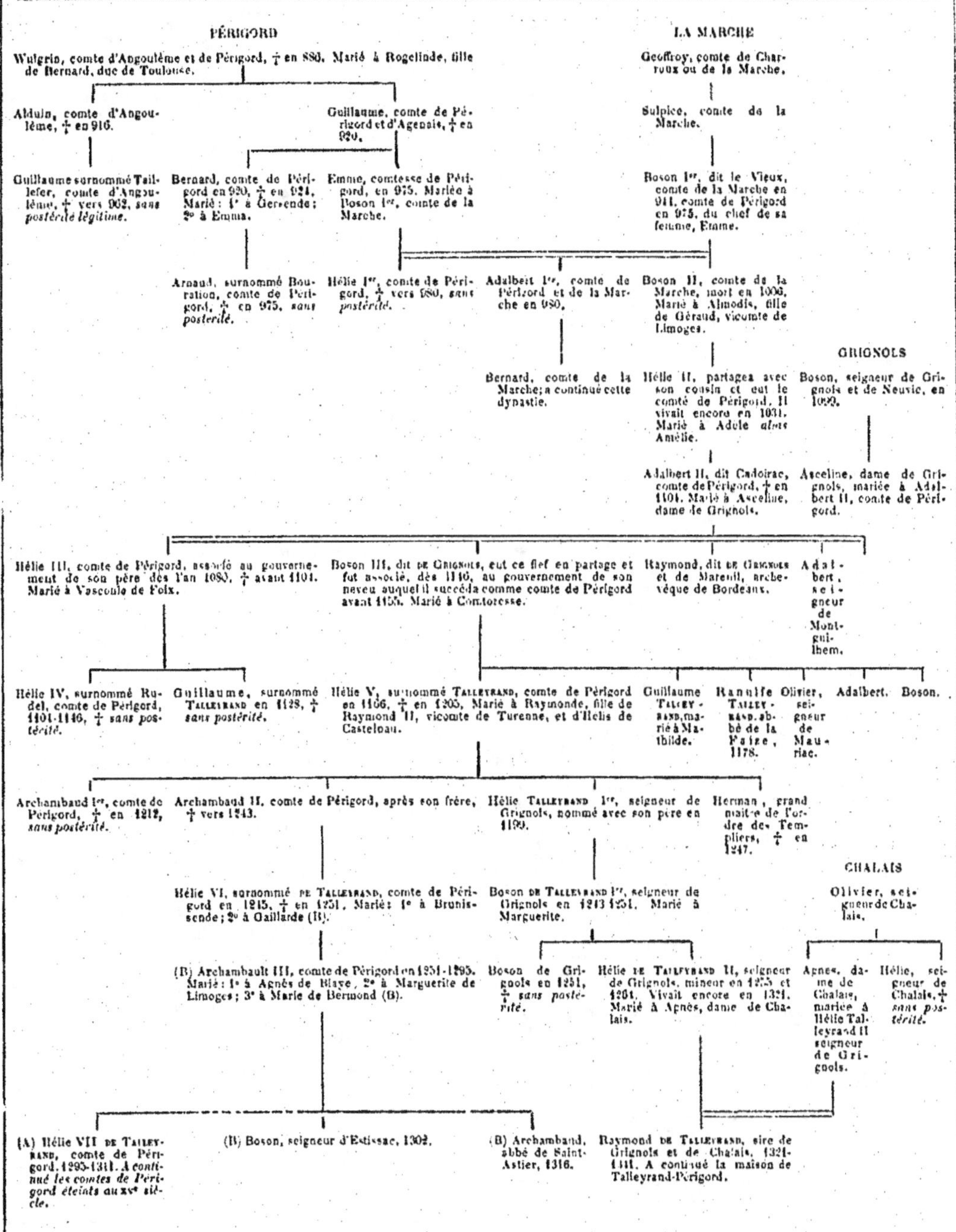

fils, — « présente Heliâ Talleyrants, filio comitis prædicti ». (Voyez *Gallia Christiana*, t. 2, col. 1501.) — « C'est lui, disent les Bénédictins, dont le fils Boson a formé la branche des seigneurs de Grignols, princes de Chalais, qui subsiste encore à présent (*Art de vérifier les dates*, 1784, in-f°, t. 2, page 300). Il avait été apanagé de la seigneurie de Grignols (*Ibidem*, p. 383). »

II. — BOSON DE TALLEYRAND, seigneur de Grignols dès l'an 1238, fut garant du roi de France dans deux trèves de cinq ans qu'il fit avec Henri III, roi d'Angleterre, en 1243 et 1255 (*Rymer*). En 1251, il était en Palestine avec le roi Saint Louis, Archambaud II, comte de Périgord, disent les auteurs de l'*Art de vérifier les dates*, « fit cession à Boson, son neveu, fils d'Hélie Talleyrand, de la châtellenie de Grignols ». — Du mariage de Boson avec Marguerite naquirent deux fils : Boson, mort sans postérité, avant son père; et Hélie Talleyrand, qui a continué cette branche. Voici l'analyse des actes relatifs à Boson-Talleyrand :

1238, le jeudi après la Pentecôte. Boson, seigneur de Grignols, scelle une donation faite par Archambaud II, comte de Périgord, à l'abbaye de Ligueux — « Archambaudus, comes Petragoricensis... Et in hujus rei testimonium, præsentes litteras sigilli nostri munimine et etiam Bosonis, domini de Granholio, duximus roborandas ».

1240, 25 janvier. Boson de Grignols, autrement dit de Talleyrand, « nobili viro Bosone de Granholio alias Talairandi » figure comme témoin dans un compromis intervenu entre le comte Hélie VI de Talleyrand « Helias Talayrandi, comes Petragoricensis » et les clercs, chevaliers, damoiseaux et bourgeois de la cité de Puy-Saint-Front de Périgueux.

1245, janvier. Hélie VI de Talleyrand, comte de Périgord, ratifie la cession faite par le comte Archambaud II, son père, à Boson de Grignols, de tous ses droits sur le château et la châtellenie de Grignols. — « Helias Talairandi, comes Petragoricensis, universis præsentes litteras inspecturis salutem et pacem. Ad universorum notitiam volumus pervenire, quod quum Archambaldus, pater noster, quondam comes, quitasset in perpetuum, pro se et successoribus, suis, nobili viro Bosoni de Granholio et ejus successoribus omne jus quod habebat, vel haber poterat vel dedebat, in castro de Granholio et in castellaniâ, et omnem quæstionem quam ipse posset movere contrà dictum Bosonem super dicto castro et castellaniâ. Nos dictam quitationem ratam et gratam habemus, et pariter confirmamus et quitamus præfato Bosoni et ejus successoribus in perpetuum, etc. »

1246. Enquête faite par Pons de Ville, sénéchal de Périgord pour le roi de France, au sujet des démêlés de Hélie VI de Talleyrand, comte de Périgord, avec les communes de Périgueux et du Puy-Saint-Front : «... Mais le mardi avant la fête de Saint-Barthélemy, apôtre, les bourgeois et gens de la ville, comptant sur la sûreté que je leur avais promise et étant sortis pour faire porter du blé, du bois et les autres vivres dont ils avaient besoin, lesdits comtes et habitans de la cité avec leurs complices, savoir : BOSON DE GRANHOL, ITIER DE PÉRIGUEUX, COUSINS GERMAINS PATERNELS DU COMTE, G. de Malemort, Ar. de Beauville, neveu d'Hélie Rudel, P. Aitz, Amalvin de Vares, et quelques autres qui sont de la domination du roi d'Angleterre, fondirent sur lesdits maire et bourgeois, etc. (Traduction de l'abbé Prunis, *Recherches sur le Périgord*, manuscrit.) — La Grange-Chancel raconte aussi dans son *Histoire du Périgord*, la querelle d'Hélie VI avec les maire et bourgeois de Périgueux. « C'est ainsi, — dit-il — que s'énoncent les *livres journaux de leur hôtel de ville*, où les seigneurs de Grignols sont appelés *neveux du comte*, par l'habitude où l'on était de les nommer ainsi du temps d'Archambaud.

1251, juillet. Quittance donnée par Marguerite, femme de Boson de Grignols, alors en Palestine avec le roi Saint Louis, et Boson, donzel, leur fils, à Gaillarde, comtesse de Périgord, mère et tutrice d'Archambaud III. — « Margarita, uxor nobilis viri Bosonis de Granholio, et Boso, donzellus, filius eorum,... Ad universorum notitiam volumus pervenire quod quum nobilis vir Helias Taleirandi, comes Petracoricensis, teneretur assignare in loco competenti quinquagesinta solidos re... males prædicto nobili Bosoni, qui in ultramarinis partibus in servicio Jesu Christi et domini regis Franciæ commoratur, et nobis, nobilis domina Gualharda, Petracoricensis comitissa, uxor quondam prædicti comitis, et Archambaldus, eorum filius, etc. »

III. — HÉLIE DE TALLEYRAND, deuxième du nom dans cette branche, seigneur de Grignols, second fils de Boson et de Marguerite, était mineur en 1255 et 1260 sous l'autorité du sire Fergaud, son curateur (*Archives de la maison de Talleyrand-Périgord*), et encore en 1264. Il épousa Agnès, héritière de Chalais et eut, entre autres enfants : Raymond de Talleyrand, qui a continué la famille.

1264, le 3 des nones de juin. Hélie de Talleyrand, seigneur de Grignols, agissant sous l'autorité d'Arnaud de Mareuil archidiacre de Périgueux, son curateur, investit Pierre de Frateaux, donzel, fils d'Hélie de Frateaux, du fief et de la forteresse de ce nom, sous la condition de foi et hommage. — « ... Noveritis quod constitutis personaliter corâm nobis Heliâ Thaleyrandi, domino de Granholio, unâ cum Arnaldo de Marolio, venerabili archidiacono Petragoricensi, curatore suo, sibi præstante auctoritatem, ex parte unâ; et Petro de Frauteus, donzello, filio Heliæ de Frauteus, etc. »

1277, le 7 des ides de juillet. Archambaud III, comte de Périgord, confirme Hélie de Talleyrand, seigneur de Grignols, dans la possession de cette châtellenie. — « Universis præsentes litteras inspecturis, Archambaldus, comes Petracoricensis, salutem et fidem, præsentibus adhibeant. Noveritis nos vidisse et diligenter inspexisse quasdam litteras, sigillis bonæ memoriæ domini Heliæ Talairandi, patris nostri, et reverendi patris domini Petri, Dei gratiâ quondam Petracoricensis Episcopi... Nos vero, Archambaldus, comes prædictus, recognoscimus... pro nobis et successoribus nostris, nobili viro Heliæ Talairandi, domino de Granholio, pro se et successoribus suis, duximus super hoc concedendas.

1295, le 5 novembre. Confirmation du traité de paix fait entre Hélie VII de Talleyrand, comte de Périgord, et la ville de Périgueux, par la médiation d'Audoin, évêque de Périgueux. Le comte en fait jurer l'observation par Itier de Périgueux, et par Hélie de Talleyrand, fils de Boson de Grignols.

1305, le vendredi après la Saint-André. Procuration donnée par Agnès, dame de Chalais, femme d'Hélie de Talleyrand, seigneur de Grignols, fille d'Olivier, seigneur de Chalais, sœur et héritière universelle de Hélie, seigneur de Chalais. — « Agnes, domina de Chalesio, uxor nobilis domicelli Helie Talayrandi, domini de Granholio, filio quondam domini Oliverii de Calesio sororque et heres universalis domini Helie de Calesio, domini quondam de Calesio, Sanctonensis diocesis, etc. »

IV. — RAYMOND DE TALLEYRAND, seigneur de Grignols et de Chalais, est dit fils aîné d'Hélie de Talleyrand, seigneur de Grignols et de Chalais, dans son contrat de mariage du vendredi après la Saint-Luc de l'an 1305, avec Marguerite de Beynac, fille d'Adhémar de Beynac, damoiseau, et de Rambonne d'Estissac.

1321, le vendredi après la Saint-Mathieu. Libertés, franchises et privilèges accordés par Hélie de Talleyrand, seigneur de Grignols et de Chalais, et Raymond de Talleyrand, damoiseau, son fils, à Pierre de Grimoard de Chassens, — « Nobili viro Heliâ Talayrandi, domino de Granholio et de Calesio, et Raymundo Talayrandi domicello, filio suo.

La Grange-Chancel et Saint-Allais avaient réfuté d'avance la principale objection soulevée contre cette filiation, par le marquis de la Chataigneraye dans ses *Fragments tirés d'un gros recueil* (Paris, 1867, in-8°, p. 137). « Le testament d'Archambaud VI, dernier comte décédé sous 1425, est, du reste, — avance le marquis de la Chataigneraye, — un argument qui ne souffre pas de réplique. Il y est dit, en effet : Nous laissons et instituons pour héritière de tous les biens qui nous appartiennent de la succession de nostre seigneur père, nostre amade sor Helianore de Perigort, et après lieys, volons que succedis nostre nebode Loïse de Clarmont, viscomtesse de Mial, filhe de la diche nostre sor, et quand defalho de lieys, son premier filh, et s'il failhe, d'aquel la plus prochane personne à qui se appartiendra la succession, segont dreich (*Rec. Doat.*, Bibl.). — Or, n'ignorant certes pas que d'après le droit féodal les cadets succédaient au fief, à l'extinction des aînés, ceux de Grignol ne soulevèrent aucune réclamation, cependant que, d'autre part, bien qu'aux seuls droits de sa femme, le comte de Clermont (*anno* 1484) saisit les Etats généraux à fin de mise en possession. »

Il nous faut rappeler qu'Archambaud V, père du comte dont le marquis de la Chataigneraye cite le testament, avait été condamné au bannissement par un premier arrêt, en 1395, et par un second, en 1398, à perdre la tête et son comté. Le roi lui fit grâce de la vie, et il passa en Angleterre, où il mourut l'année suivante : Archambaud VI rentra en possession du Périgord, à l'exception de Périgueux dont le roi se réserva la suzeraineté ; mais le comte réclama la cité comme chef-lieu de son patrimoine et commit quelques excès contre les habitants. Il fut déféré au Parlement, qui, par un arrêt du 19 juin 1399, le condamna au bannissement et prononça la confiscation de son comté ; Charles VI en investit, alors, son frère Louis, duc d'Orléans.

Voici ce que raconte La Grange-Chancel (*Histoire du Périgord*, liv. 4, f° 79, 82) à propos de cette condamnation : « Archambaud apprit la teneur de ces trois arrêts consécutifs par plusieurs lettres qu'on lui écrivit de Paris, surtout par celles qu'il reçut de François de Talleyrand, prince de Chalais, à qui la charge d'échanson du roi donnait un grand crédit à la cour. Ce seigneur lui faisait un ample détail de tous les mouvements qu'il s'était donnés pour faire modérer la rigueur du jugement qui avait été prononcé contre le comte, aussi bien que des ressorts que les parties avaient fait mouvoir pour faire comprendre le fils dans la condamnation du père.

« Les diverses oppositions qui furent faites à la confiscation du comté furent plus aisément et plus promptement terminées. Jean de Clermont, comme mari d'Éléonore, sœur aînée d'Archambaud, à qui elle était substituée, et François, seigneur de Montberon, comme ayant épousé leur fille unique, prétendaient qu'en matière de biens substitués, la confiscation ne pouvait avoir lieu au préjudice des légitimes héritiers, qui n'avaient point de part à la félonie. Brunissende, autre sœur d'Archambaud, demandait, par la même raison, la distraction de ses droits légitimaires, assignés sur le même comté. François de Talleyrand, seigneur de Grignols, de Chalais et de Fronsac, *en qualité du plus proche des mâles descendus de la branche collatérale*, ne se croyait pas moins fondé dans ses demandes. Le comte d'Armagnac et le seigneur de Durfort-Duras s'étaient mis pareillement sur les rangs, de même que plusieurs autres personnes de distinction, dont on peut voir les noms et les prétentions dans *les registres du Parlement de Paris*. »

« Mais, — ajoute Saint-Allais, — cela ne changea rien aux dispositions prises par le roi ; et Louis, duc d'Orléans, son frère, resta propriétaire de ce comté ; son fils Charles, duc d'Orléans, le vendit en 1437 à Jean de Blois, dit de Bretagne, comte de Penthièvre, qui eut pour successeur Guillaume de Blois, vicomte de Limoges, son frère ; celui-ci ne laissa que des filles, dont l'aînée nommé Françoise porta en dot, en 1470, le comté de Périgord et la vicomté de Limoges à Alain, sire d'Albret, dit le Grand, son mari ; leur fils, Jean, sire d'Albret, devint roi de Navarre par son mariage avec Catherine de Foix, héritière de ce royaume, qui passa, avec le comté de Périgord, à la branche des Bourbon-Vendôme, par le mariage de Jeanne d'Albret, petite-fille de Jean, dont il vient d'être question, avec Antoine de Bourbon, dont le fils Henri, déjà roi de Navarre, devint roi de France le 1er août 1589 sous le nom de Henri IV. Ce fut alors que le comté de Périgord fut réuni, comme grand fief, à la couronne.

« Dans la personne d'Archambaud VI finit la branche aînée des comtes de Périgord.

« Archambaud VI ne laissant aucun enfant, et le comté de Périgord étant un *grand-fief féminin*, c'est-à-dire qui devait passer aux femmes plus proches héritières du dernier possesseur, ce prince, par son testament fait au château d'Auberoche, le 22 septembre 1425, institua pour son héritière, ainsi qu'on l'a vu plus haut, Éléonore de Périgord, sa sœur, femme de Jean de Clermont, vicomte d'Aunay, seigneur de Mortagne, qui ne laissa de son mariage qu'une fille unique, nommée Louise de Clermont, mariée à François, sire de Montberon, fils de Jacques de Montberon, maréchal de France, et de Marie de Maulévrier, héritière de Renaud, baron de Maulévrier et d'Arcis. Jacquette de Montberon, qui descendait d'eux et qui fut mariée, le 27 juin 1558, à André de Bourdeille, prétendit au comté de Périgord à l'exclusion du roi de Navarre, sur

le fondement, ainsi qu'il a été dit plus haut que *la confiscation n'avait pas lieu en Guienne*. D'un autre côté, longtemps auparavant, Jean de Talleyrand, seigneur de Grignols et prince de Chalais, qui ne pouvait prétendre à d'autres droits successifs que ceux qui étaient substitués aux descendants de la branche cadette des comtes (puisque les filles et les sœurs de ces derniers devaient leur succéder directement), avait soutenu avoir tout droit de *comté* dans ses seigneuries, sur quoi il obtint un arrêt du parlement de Bordeaux qui le maintint dans l'immédiation à la couronne pour sa terre de Grignols (Le Laboureur, Pithou, les Bénédictins, etc.).

« Il est si vrai que le comté de Périgord était un grand-fief féminin, qu'à la mort d'Arnaud Ier, surnommé *Bouration*, le dernier mâle de la première dynastie des comtes de Périgord, issus des comtes d'Angoulême, ce fut *Emme, sa tante*, qui hérita du comté, qu'elle porta à Boson Ier, dit *le Vieux*, son mari, comte de la Marche, et souche de la deuxième dynastie des comtes de Périgord, qui finit à Archambaud VI ; il n'est donc pas étonnant qu'en suivant la loi féodale, ce dernier ait, par son testament de 1425, appelé à lui succéder Éléonore de Périgord, sa sœur, qui était sa plus proche héritière.

« Dans l'institution générale des fiefs, les mâles furent principalement appelés à les posséder héréditairement ; mais il y en eut aussi qui furent particulièrement institués comme devant être dévolus aux femmes, et leur appartenir de droit lorsque la lignée mâle viendrait à faillir ; alors elles succédaient, possédaient et jouissaient, avec tous les droits, honneurs, prééminences et prérogatives des mâles. Le comté d'Artois et le duché de Guienne, grands fiefs de la couronne, étaient, entres autres, reconnus par les coutumes de ces provinces comme *fiefs féminins*, c'est-à-dire comme devant passer aux femmes, la lignée des mâles défaillant ; et comme ces grands fiefs étaient *pairies* du royaume, on trouve plusieurs exemples de princesses qui ont fait les fonctions de *pair*.

« On entendait par *lignée mâle défaillante* celle qui, étant en possession d'un grand fief, finissait dans ses mâles ; alors, la femme qui était la plus proche parente du dernier mâle possesseur, soit fille, sœur ou nièce, avait droit à l'hérédité, à l'exclusion des branches collatérales munies de mâles.

« La branche des seigneurs de Grignols, collatérale des comtes de Périgord, malgré les réclamations de François de Talleyrand, seigneur de Grignols, dont il vient d'être question ci-dessus, devait nécessairement, par la loi féodale sur les fiefs féminins, être écartée de la succession des comtes de Périgord, qui, d'ailleurs, se trouvèrent dépossédés par l'arrêt du parlement de 1399 et par la confiscation du comté que le roi Charles VI adjugea, de sa pleine volonté au duc d'Orléans, son frère, qui le convoitait depuis longtemps ».

De l'ensemble des présomptions indiquées par l'auteur de la notice du *Bulletin de la Société héraldique*, il faut écarter celle qui résulterait de l'identité des armes des Périgord et des Talleyrand ; mais, comme on vient de le voir, cela n'ôte absolument rien à la valeur des documents qui établissent leur commune origine. Il était d'un usage assez fréquent pour les cadets de grandes maisons d'adopter l'emblème héraldique des familles dont ils relevaient le nom. Les Talleyrand de Périgord, seigneur de Grignols, prirent donc les armes des anciens Grignols qui étaient, d'après l'abbé de Lépine, un *écartelé d'or et de gueules* et non pas *trois coquilles*, comme l'a cru le marquis de la Chataigneraye : « Un autre motif péremptoire, dit-il, est que l'écusson des Grignols représentait *trois coquilles* (voir le *Cabinet Clairambault*) qui apparemment ne sont pas les *trois lions* du Périgord, et ne constitueraient pas même une brisure de cadet par l'absence de tout meuble appartenant aux aînés, d'où conste qu'en bonne justice : retournez à vos... *coquilles* serait dictum applicable. »

On trouve, il est vrai, en 1351 et 1352, dans la collection des *Pièces originales*, à la Bibliothèque nationale, le sceau d'un Pierre de Talleyrand, armorié d'un écu droit à *trois coquilles*, avec la légende : S. PIERRE D'TA..ERAN ; mais ce Pierre de Talleyrand, qui ne figure pas dans la généalogie des seigneurs de Grignols, portait évidemment les armes d'une seigneurie.

Voici la description des sceaux conservés dans la *Collection Clairambault* :

Hélie VII de Taleyrand, comte de Périgord, — 1304, sceau rond de 25 millimètres, écu armorié de *trois lions couronnés.*

Légende : .... MITE. ....

Raymond de Talleyrand, sire de Grignols et de Chalais, — 1337, sceau rond de 19 millimètres, écu *écartelé, aux 1 et 4 un plein, aux 2 et 3 un fascé.*

Légende : .... ALER. .....

Roger-Bernard, comte de Périgord, — 1357, sceau rond de 26 millimètres, écu penché, armorié de *trois lions couronnés*, timbré d'un heaume ; cimier : *un lion couronné assis entre deux cornes*, sur champ réticulé.

Légende : ROGIER B'NART COTE DE PERREGORT.

Hélie III de Talleyrand, chevalier,.. seigneur de Grignols et de Chalais, — 1384, sceau rond de 30 millimètres, écu penché, *écartelé aux 1 et 4 un contre-écartelé de pleins, aux 2 et 3 quatre fasces*, timbré d'un heaume ; cimier : *une tête de lion* ; supports : *deux aigles à tête humaine.*

Légende : .... **talegra**... **de granho** ....

Le même, — 1386, sceau rond de 25 millimètres, écu penché *écartelé aux 1 et 4 un contre-écartelé de pleins, aux 2 et 3 quatre fasces*, timbré d'un heaume ; cimier : *une tête de lion* ; supports : *deux aigles à tête humaine*, sur champ festonné.

Légende : .... GNH..S

François de Talleyrand, chevalier, seigneur de Grignols et de Chalais, vicomte de Fronsac, — 1406, sceau rond de 26 millimètres, écu penché, *écartelé*, on ne distingue que le second quartier *fascé de huit pièces*, timbré d'un heaume ; cimier : *une tête de lion* (ou *de dragon ?*) ; supports : *deux aigles à tête humaine.*

Légende : **Fran** .... **s'de grignea** ...

Le fascé devait être l'emblème héraldique de Chalais ; car d'après le *Supplément à la sigillographie du Périgord*, Hélie II de Talleyrand, seigneur de Grignols, 1260-1321, époux d'Agnès de Chalais, ne portait que les armes de sa seigneurie, — sceau rond de 35 mill., écu droit *écartelé de pleins.*

Légende : .. HEL. TALAIRAN S. ..... ANHOL

Il faut aussi constater que la tradition très justifiée qui rattache les Talleyrand à la maison de Périgord n'a jamais cessé d'être de notoriété publique. Dans une sentence arbitrale prononcée le 13 août 1486, par M° Séguier, conseiller au parlement de Toulouse, commissaire nommé par le roi, sur un procès entre Jean de Talleyrand, seigneur de Grignols, prince de Chalais, vicomte de Fronsac, et Clinet de Talleyrand, son oncle, au sujet du partage de la succession de François de Talleyrand, leur aïeul et père, il est dit que Jean ayant appuyé ses prétentions *sur la nécessité de soutenir le rang et la dignité d'un seigneur issu des comtes du Périgord* et ayant ajouté que, *sur ce fondement, Charles de Talleyrand, son père, avait joui desdits biens pendant cinquante ans*, Clinet répondit que ces raisons ne pouvaient être valables contre lui, puisque Charles de Talleyrand et lui *étaient de même origine.*

L'extraction de la maison de Talleyrand est encore attestée par les lettres patentes d'érection de la terre et châtellenie de Grignols en comté, au mois de septembre 1613, et dans celles d'érection de la terre et seigneurie d'Exideuil en marquisat, à la même date, en faveur de « notre amé et féal Daniel de Talleyrand, chevalier, prince de Chalais, seigneur de Grignols, Exideuil et autres lieux, baron de Mareuil et de Beauville, *issu en ligne directe des anciens comtes de Périgord* ».

Nous citerons, enfin, le rapport des preuves faites pour l'ordre du Saint-Esprit, en 1767, par Gabriel-Charles-Marie de Talleyrand de Périgord, comte de Périgord et de Grignols, prince de Chalais, etc., vérifiées et admises au chapitre de l'ordre, le 1er janvier 1768 : « M. le comte de Périgord ayant remonté sa preuve au dix-huitième degré (Hélie de Talleyrand, comte de Périgord son seizième aïeul), et prouvé sa descendance des anciens comtes de Périgord, comme il s'y était engagé lors de l'admission des preuves de rigueur qu'on a rapportées ci-devant, M. de Beaujon, généalogiste des ordres du roi, croit devoir ajouter que cette origine avait déjà été annoncée par divers auteurs de poids (Mézeray et Baluze) ; qu'Hélie Talleyrand, comte de Périgord, rapporté au dixième degré de ces preuves, était issu des anciens comtes de la Marche, connus dès le x° siècle, éteints dans l'ancienne maison de Montgomery-Lancastre ; qu'Hélie Talleyrand, son petit-fils, aussi comte de Périgord et *cousin paternel de Boson*, surnommé aussi *Talleyrand, seigneur de Grignols*, auteur certain *des seigneurs de Grignols, princes de Chalais*, etc., dont les titres viennent d'être rapportés, continua la branche des comtes de Périgord, qui après avoir formé des alliances avec les maisons de France (branche des rois de Naples et de Sicile), d'Armagnac, de Foix, de Vendôme ancien, et autres, se sont éteints au commencement du xv° siècle. »

SERVICES ET ILLUSTRATIONS. — Hélie de Talleyrand, fils de Hélie VII, comte de Périgord, successivement évêque de Limoges en 1324, d'Auxerre en 1329 et d'Albano, créé cardinal en 1331, fonda le collège de Périgord, à Toulouse, en 1347. — Raymond de Talleyrand, seigneur Grignols et de Chalais, chevalier banneret, qualifié noble et puissant homme, servait, en 1340, à la tête de cinq chevaliers-bacheliers et vingt-neuf écuyers. — Talleyrand de Périgord, seigneur et châtelain de Bergerac, commandant général en Guyenne pour le roi de France, en 1370 ; Charles V le qualifiait son *chier et amé cousin*. — Mgr Hélie III de Talleyrand, seigneur de Grignols, banneret, avait deux chevaliers et neuf écuyers dans sa compagnie en 1383 ; l'année suivante, le roi lui fit un don de 600 livres pour *ses services dans ses guerres* et un autre de 400 livres, *en récompense de ses frais pour entretenir gens d'armes au pays de Périgord.*

François Ier de Talleyrand, chevalier, seigneur de Grignols et de Chalais, vicomte de Fronsac, échanson, puis conseiller et chambellan du roi, nommé capitaine et gouverneur de la Rochelle en 1413. — Charles de Talleyrand, seigneur de Grignols et de Fouquerolles, prince de Chalais, vicomte de Fronsac, armé chevalier, en 1451, après la prise de Fronsac sur les Anglais. — Jean de Talleyrand, seigneur de Grignols, de Fouquerolles et de Montagrier, prince de Chalais, vicomte de Fronsac, conseiller et chambellan du roi Charles VIII, premier maître d'hôtel et chevalier d'honneur de la reine Anne de Bretagne, gouverneur de la Réole en 1483, commanda le ban et l'arrière-ban de la sénéchaussée de Périgord, en 1491.

François de Talleyrand II, chevalier, seigneur de Grignols et de Fouquerolles, vicomte de Fronsac, cité par les historiens, pour sa belle conduite à la bataille d'Agnadel, en 1509. — Antoine de Talleyrand, évêque de Tréguier, mort en 1537. — Daniel de Talleyrand, comte de Grignols, prince de Chalais, marquis d'Exideuil, baron de Beauville et de Mareuil, chevalier de l'ordre du roi, son conseiller en ses conseils d'Etat et privé, capitaine de 100 hommes d'armes de ses ordonnances, fit son testament en 1616.

Henri de Talleyrand, comte de Chalais, grand maître de la garde-robe du roi Louis XIII, décapité en 1626, pour s'être déclaré ouvertement contre le cardinal de Richelieu.— André de Talleyrand-Périgord, chevalier, comte de Grignols, chevalier de l'ordre du roi, colonel d'un régiment d'infanterie en 1640, puis maréchal de camp, blessé au combat de Montanceys. — Daniel-Marie-Anne de Talleyrand-Périgord, comte de Grignols, menin du Dauphin, brigadier des armées du roi, tué au siège de Tournay, en 1745.

Jean-Charles de Talleyrand de Périgord, comte de Grignols, prince de Chalais, grand d'Espagne de la 1re classe, etc., successivement capitaine de frégate, brigadier des armées du roi d'Espagne et gouverneur du Berry, mort en 1757. — Jean-Georges de Talleyrand-Périgord, vicomte de Talleyrand, brigadier des armées du roi.

Gabriel-Marie de Talleyrand de Périgord, comte de Périgord et de Grignols, prince de Chalais, grand d'Espagne, menin du Dauphin, gouverneur, lieutenant général et grand bailli d'épée du Berry, chevalier du Saint-Esprit en 1767, lieutenant général des armées du roi en 1780. — Charles-Daniel de Talleyrand-Périgord, comte de Talleyrand, chevalier du Saint-Esprit en 1776, lieutenant général des armées du roi en 1784. — Augustin-Louis de Talleyrand-Périgord, vicomte de Talleyrand, chevalier de Malte, maréchal des camps et armées du roi, mort en émigration.

Alexandre-Angélique de Talleyrand de Périgord, archevêque-duc de Reims, pair de France en 1777, grand aumônier de France et prélat commandeur du Saint-Esprit, cardinal et archevêque de Paris en 1817, mort en 1821. — Louis-Marie-Anne de Talleyrand-Périgord, baron de Talleyrand, maréchal des camps et armées du roi en 1781, ambassadeur extraordinaire de la cour de France près du roi de Naples en 1785, mort en 1809. — Hélie-Charles de Talleyrand de Périgord, comte et duc de Périgord, pair de France, prince de Chalais, grand d'Espagne, comte de Grignols, marquis d'Exideuil, etc., lieutenant général des armées du roi en 1816, chevalier du Saint-Esprit en 1821. — Le comte Adalbert-Charles de Talleyrand de Périgord, maréchal des camps et armées du roi en 1817.

Charles-Maurice de Talleyrand-Périgord, évêque d'Autun, puis prince de Bénévent, duc de Dino, vice grand-électeur de l'empire, pair et grand chambellan de France, chevalier du Saint-Esprit et de la Toison d'or, grand-croix de la Légion d'honneur, etc., membre de l'Institut, ambassadeur en Angleterre, mort en 1838. — Archambaud-Joseph de Talleyrand-Périgord, duc de Talleyrand, pair de France, lieutenant général des armées du roi en 1817. — Boson-Jacques de Talleyrand-Périgord, comte de Talleyrand, grand-croix de l'ordre de Saint-Louis, gouverneur du château de Saint-Germain-en-Laye, lieutenant général des armées du roi en 1817, mort en 1830. — Augustin-Louis de Talleyrand-Périgord, comte de Talleyrand, ambassadeur en Suisse, mort en 1832. — Alexandre-Daniel de Talleyrand-Périgord, baron de Talleyrand, officier de la Légion d'honneur, conseiller d'État en 1815, ministre plénipotentiaire de France près la cour de Danemark.

Augustin-Marie-Hélie-Charles de Talleyrand de Périgord, comte et duc de Périgord, pair de France, prince de Chalais, grand d'Espagne, comte de Grignols, marquis d'Exideuil, chevalier de Saint-Louis, commandeur de la Légion d'honneur, maréchal de camp en 1818, gentilhomme ordinaire de la chambre du roi en 1820, mort en 1879.

Alexandre-Edmond de Talleyrand-Périgord, duc de Dino, puis duc de Talleyrand, grand officier de la Légion d'honneur, commandeur de Saint-Louis, lieutenant général des armées du roi en 1823, inspecteur général de la cavalerie en 1827, mort en 1872, etc., etc.

TITRES. — Ducs pairs de Périgord le 4 juin 1814, titre éteint en 1883. — Ducs pairs de Talleyrand le 28 septembre 1817.

Princes de Chalais, titre pris par Charles de Talleyrand, chevalier, seigneur de Grignols, dans son testament du 29 juillet 1468, vraisemblablement à la suite d'une érection dont la date n'est pas connue, et porté depuis lors par les chefs de la maison, sans interruption. Jean-Charles de Talleyrand de Périgord, prince de Chalais, marquis d'Exideuil ayant été nommé grand d'Espa-

gne de la première classe par diplôme du 1er octobre 1714, Louis XIV lui permit d'accepter cette grandesse et en attacha le titre et les prérogatives à la terre de Chalais. Sa fille, Marie-Françoise-Elisabeth de Talleyrand de Périgord, porta la grandesse et les titres féminins de Chalais et d'Exideuil à son cousin Gabriel-Marie, comte de Périgord et de Grignols, qu'elle épousa le 28 décembre 1743. En 1883, à la mort du duc de Périgord, dernier mâle de sa branche, la grandesse et les titres féminins de Chalais, de Grignols et d'Exideuil ont passé dans la maison de Galard de Béarn par suite du mariage de Cécile-Charlotte-Marie, comtesse de Périgord, sa nièce et son héritière, avec Laure-Henri-Gaston de Galard de Béarn, comte et prince de Béarn, prince de Viana, comte de Brassac, devenu prince de Chalais et grand d'Espagne de la première classe du chef de sa femme, qui est décédée le 11 décembre 1890.

Charles-Maurice de Talleyrand-Périgord reçut la principauté de Bénévent et fut nommé prince de Bénévent de l'empire français le 5 juin 1806 ; il fut appelé à la pairie, sous ce titre, le 4 juin 1817.

Ducs héréditaires de Dino au royaume des Deux-Siciles, 9 novembre 1815 et décembre 1817 (transmission autorisée par le Président de la République en 1887). — Ducs de Montmorency, par décret impérial du 14 mai 1864. — Princes-ducs de Sagan, dans la Silésie prussienne, possession d'une principauté fieffée, par succession à la maison de Biron-Courlande. — Ducs de Valençay, titre de courtoisie.

Comtes de Grignols, septembre 1613. — Marquis d'Exideuil, septembre 1613. — Comtes de Périgord, titre de cour pris avec l'autorisation du roi Louis XV et éteint à la mort de la princesse de Béarn.

Marquis, comtes, vicomtes et barons de Talleyrand, titres de courtoisie, celui de comte régularisé par la prairie, en 1815, etc.

ALLIANCES. — Chalais, La Mothe, Saint-Quentin, Beynac, Prévost, Estissac, Pommiers-Fronsac, Caumont-Lauzun, Breban ou Brabant, Montholion, Lannes, Tranchelion, Chauveron, Salignac, Brusac, La Tour de Turenne, Beaupoil, Mortemer-Couhé, Foucaud de Saint-Germain-Beaupré, Calvimont, Bourdeilles, La Touche, Montesquiou-Montluc, Castille, Beaupoil-Saint-Aulaire, Cosnac, Pompadour, La Trémoille, Rochechouart-Mortemart, Courbon-Blénac, Jaubert de Saint-Gelais, Taillefer-Mauriac, La Salle, Rochefort-Théobon, Chamillart, Messey, Chabannes-la-Palice-Curton, Saint-Léger, Mailly, Baylens de Poyanne, Choiseul, Beauvilliers-Saint-Aignan, Rousseau de Saint-Aignan, Arenberg, Galard de Béarn, Damas d'Antigny, Puisigneu, Preissac d'Esclignac, Olivier de Senozan de Viriville, Noailles, Biron-Courlande, Ulrich, Montmorency, Castellane, Seillière, Aguado, Etchegoyen, Sainte-Aldegonde, Curtis, Sampson, Ruspoli, Orlowski, Oppersdorff, Durand de Saint-Eugène-Montigny, Argy, le Pelletier de Mortfontaine, Ligne, Pomereu, Sara, Benardaky, Stanley, Brossin de Méré, Yvelin de Béville, Brotty d'Antioche, etc.

ÉTAT PRÉSENT. — *Chef de nom et d'armes :* Napoléon-Louis de Talleyrand-Périgord, duc de Talleyrand, chevalier de la Toison d'or, né le 12 mars 1811, marié : 1º le 23 février 1829 à Anne-Louise-Charlotte Alix de Montmorency, décédée le 13 septembre 1858 ; 2º le 4 avril 1861 à Rachel-Elisabeth-*Pauline* de Castellane, veuve de Maximilien, comte de Hatzfeldt.

Enfants :

Du premier lit :

1º Charles-Guillaume-Frédéric-Marie-*Boson* de Talleyrand-Périgord, prince de Sagan, chevalier de l'ordre de Malte, ancien officier de cavalerie, né le 7 mai 1832, marié le 2 septembre 1858 à Anne-Alexandrine-*Jeanne*-Marguerite Seillière, d'où :

A. Marie-Pierre-Camille-Louis-*Hélie* de Talleyrand-Périgord, né le 25 août 1859 ;

B. Paul-Louis-Marie-Archambaud-*Boson* de Talleyrand-Périgord, né le 20 juillet 1867.

LES
HUIT QUARTIERS PATERNELS ET MATERNELS
DU PRINCE DE SAGAN
ET DE M. LE DUC DE MONTMORENCY

Archambaud-Joseph DE TALLEYRAND-PÉRIGORD, duc DE TALLEYRAND, pair de France, lieutenant général des armées du roi, marié le 2 décembre 1778, à Madeleine-Henriette-Sabine OLIVIER DE SENOZAN DE VIRIVILLE.

Pierre DE BIRON, duc DE COURLANDE et DE SAGAN, marié à Anne-Charlotte-Dorothée, comtesse DE MÉDEM.

Anne-Léon, duc DE MONTMORENCY, pair de France, marquis DE FOSSEUX, premier baron chrétien, maréchal des camps et armées du roi, marié le 6 octobre 1767, à Charlotte-Anne-Françoise DE MONTMORENCY-LUXEMBOURG.

Louis-Charles-Auguste DE GOYON DE MATIGNON, comte DE GACÉ, lieutenant de cavalerie, marié le 23 avril 1772, à Angélique-Elisabeth LE TONNELIER DE BRETEUIL.

Alexandre-Edmond DE TALLEYRAND PÉRIGORD, duc DE DINO, puis DE TALLEYRAND, comm. de la Lég. d'hon., chev. de St-Louis, lieut. général des armées du roi, mort en 1872.

Dorothée DE BIRON-COURLANDE, princesse DE SAGAN, mariée le 28 avril 1809.

Anne-Charles-François, duc DE MONTMORENCY, pair de France, premier baron chrétien, grand-officier de la Légion d'honneur, etc.

Anne-Louise-Caroline DE GOYON DE MATIGNON, mariée le 2 juin 1788.

Napoléon-Louis DE TALLEYRAND-PÉRIGORD, duc DE TALLEYRAND, chevalier de la Toison d'or, né le 1ᵉ mars 1811.

Anne-Louise-Charlotte-Alix DE MONTMORENCY, mariée le 23 février 1829, décédée le 13 septembre 1858.

1° Boson DE TALLEYRAND-PÉRIGORD, prince DE SAGAN, chevalier de Malte, né le 7 mai 1832.
2° Adalbert DE TALLEYRAND-PÉRIGORD, duc DE MONTMORENCY, né le 20 mars 1837.

TRANSMISSION DES TITRES

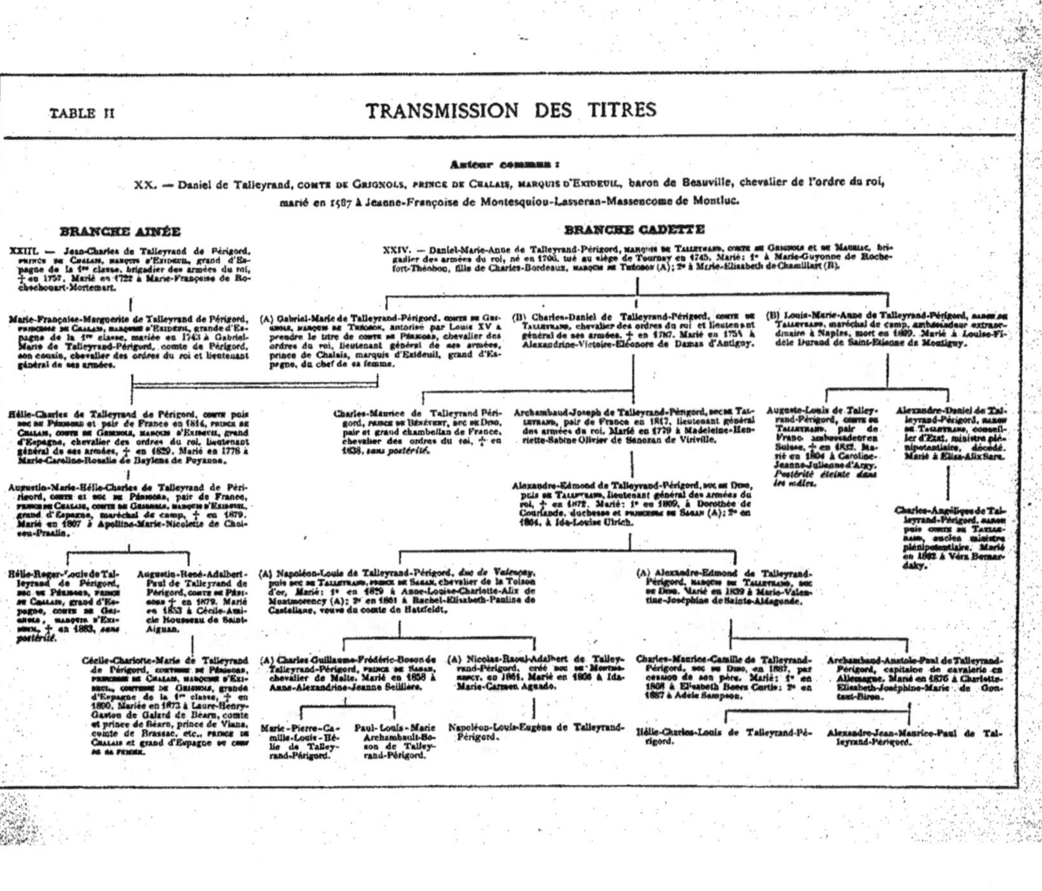

Auteur commun :

XX. — Daniel de Talleyrand, COMTE DE GRIGNOLS, PRINCE DE CHALAIS, MARQUIS D'EXIDEUIL, baron de Beauville, chevalier de l'ordre du roi, marié en 1587 à Jeanne-Françoise de Montesquiou-Lasseran-Massencome de Montluc.

BRANCHE AÎNÉE

XXIII. — Jean-Charles de Talleyrand de Périgord, PRINCE DE CHALAIS, MARQUIS D'EXIDEUIL, grand d'Espagne de la 1re classe, brigadier des armées du roi, † en 1757. Marié en 1722 à Marie-Françoise de Rochechouart-Mortemart.

Marie-Françoise-Marguerite de Talleyrand de Périgord, PRINCESSE DE CHALAIS, MARQUISE D'EXIDEUIL, grande d'Espagne de la 1re classe, mariée en 1743 à Gabriel-Marie de Talleyrand-Périgord, comte de Périgord, son cousin, chevalier des ordres du roi et lieutenant général de ses armées.

Hélie-Charles de Talleyrand de Périgord, COMTE puis DUC DE PÉRIGORD et pair de France en 1814, PRINCE DE CHALAIS, COMTE DE GRIGNOLS, MARQUIS D'EXIDEUIL, grand d'Espagne, chevalier des ordres du roi, lieutenant général de ses armées, † en 1829. Marié en 1778 à Marie-Caroline-Rosalie de Baylens de Poyanne.

Augustin-Marie-Hélie-Charles de Talleyrand de Périgord, COMTE ET DUC DE PÉRIGORD, pair de France, PRINCE DE CHALAIS, COMTE DE GRIGNOLS, MARQUIS D'EXIDEUIL, grand d'Espagne, maréchal de camp, † en 1879. Marié en 1807 à Apolline-Marie-Nicolette de Choiseul-Praslin.

Hélie-Roger-Louis de Talleyrand de Périgord, DUC DE PÉRIGORD, PRINCE DE CHALAIS, grand d'Espagne, COMTE DE GRIGNOLS, MARQUIS D'EXIDEUIL, † en 1883, sans postérité.

Augustin-René-Adalbert-Paul de Talleyrand de Périgord, COMTE DE PÉRIGORD † en 1879. Marié en 1853 à Cécile-Amicie Rousseau de Saint-Aignan.

Cécile-Charlotte-Marie de Talleyrand de Périgord, COMTESSE DE PÉRIGORD, PRINCESSE DE CHALAIS, MARQUISE D'EXIDEUIL, COMTESSE DE GRIGNOLS, grande d'Espagne de la 1re classe, † en 1890. Mariée en 1873 à Laure-Henry-Gaston de Galard de Béarn, comte et prince de Béarn, prince de Viana, comte de Brassac, etc., PRINCE DE CHALAIS et grand d'Espagne DU CHEF DE SA FEMME.

BRANCHE CADETTE

XXIV. — Daniel-Marie-Anne de Talleyrand-Périgord, MARQUIS DE TALLEYRAND, COMTE DE GRIGNOLS et DE MAURIAC, brigadier des armées du roi, né en 1700, tué au siège de Tournay en 1745. Marié : 1° à Marie-Guyonne de Rochefort-Théobon, fille de Charles-Bordeaux, MARQUIS DE THÉOBON (A); 2° à Marie-Élisabeth de Chamillart (B).

(A) Gabriel-Marie de Talleyrand-Périgord, COMTE DE GRIGNOLS, MARQUIS DE THÉOBON, autorisé par Louis XV à prendre le titre de COMTE DE PÉRIGORD, chevalier des ordres du roi, lieutenant général de ses armées, prince de Chalais, marquis d'Exideuil, grand d'Espagne, du chef de sa femme.

(B) Charles-Daniel de Talleyrand-Périgord, COMTE DE TALLEYRAND, chevalier des ordres du roi et lieutenant général de ses armées. † en 1787. Marié en 1754 à Alexandrine-Victoire-Éléonore de Damas d'Antigny.

(B) Louis-Marie-Anne de Talleyrand-Périgord, BARON DE TALLEYRAND, maréchal de camp, ambassadeur extraordinaire à Naples, mort en 1809. Marié à Louise-Fidèle Durand de Saint-Étienne de Montigny.

Charles-Maurice de Talleyrand-Périgord, PRINCE DE BÉNÉVENT, DUC DE DINO, pair et grand chambellan de France, chevalier des ordres du roi, † en 1838, sans postérité.

Archambaud-Joseph de Talleyrand-Périgord, DUC DE TALLEYRAND, pair de France en 1817, lieutenant général des armées du roi. Marié en 1779 à Madeleine-Henriette-Sabine Olivier de Senozan de Viriville.

Auguste-Louis de Talleyrand-Périgord, COMTE DE TALLEYRAND, pair de France, ambassadeur en Suisse, † en 1832. Marié en 1804 à Caroline-Jeanne-Julienne d'Argy. Postérité éteinte dans les mâles.

Alexandre-Daniel de Talleyrand-Périgord, BARON DE TALLEYRAND, conseiller d'État, ministre plénipotentiaire, décédé. Marié à Elisa-Alix Sara.

Alexandre-Edmond de Talleyrand-Périgord, DUC DE DINO, puis DUC DE TALLEYRAND, lieutenant général des armées du roi, † en 1872. Marié : 1° en 1809, à Dorothée de Courlande, duchesse et PRINCESSE DE SAGAN (A); 2° en 1861, à Ida-Louise Ulrich.

Charles-Angélique de Talleyrand-Périgord, BARON puis COMTE DE TALLEYRAND, ancien ministre plénipotentiaire. Marié en 1862 à Véra Bernardaky.

(A) Napoléon-Louis de Talleyrand-Périgord, duc de Valençay, puis DUC DE TALLEYRAND, PRINCE DE SAGAN, chevalier de la Toison d'or. Marié : 1° en 1829 à Anne-Louise-Charlotte-Alix de Montmorency (A); 2° en 1861 à Rachel-Élisabeth-Pauline de Castellane, veuve du comte de Hatzfeldt.

(A) Alexandre-Edmond de Talleyrand-Périgord, MARQUIS DE TALLEYRAND, DUC DE DINO. Marié en 1839 à Marie-Valentine-Joséphine de Sainte-Aldegonde.

(A) Charles-Guillaume-Frédéric-Boson de Talleyrand-Périgord, PRINCE DE SAGAN, chevalier de Malte. Marié en 1858 à Anne-Alexandrine-Jeanne Seillière.

(A) Nicolas-Raoul-Adalbert de Talleyrand-Périgord, créé DUC DE MONTMORENCY en 1864. Marié en 1866 à Ida-Marie-Carmen Aguado.

Charles-Maurice-Camille de Talleyrand-Périgord, DUC DE DINO, en 1887, par cession de son père. Marié : 1° en 1856 à Elisabeth Boers Curtis; 2° en 1887 à Adèle Sampson.

Archambaud-Anatole-Paul de Talleyrand-Périgord, capitaine de cavalerie en Allemagne. Marié en 1876 à Charlotte-Elisabeth-Joséphine-Marie du Gontaut-Biron.

Marie-Pierre-Camille-Louis-Hélie de Talleyrand-Périgord.

Paul-Louis-Marie-Archambault-Boson de Talleyrand-Périgord.

Napoléon-Louis-Eugène de Talleyrand-Périgord.

Hélie-Charles-Louis de Talleyrand-Périgord.

Alexandre-Jean-Maurice-Paul de Talleyrand-Périgord.

2ᵉ Nicolas-Raoul-*Adalbert* de Talleyrand-Périgord, duc de Montmorency, né le 29 mars 1837, marié le 4 juin 1866, à Ida-Marie-*Carmen* Aguado, fille du marquis de las Marismas del Guadalquivir, décédée le 24 novembre 1880, d'où :

Napoléon-*Louis*-Eugène-Alexandre-Anne-Emmanuel de Talleyrand-Périgord.

3ᵉ Caroline-*Valentine* de Talleyrand-Périgord, mariée le 25 mars 1852 à Charles, vicomte d'Etchegoyen.

Du second lit :

4ᵉ Marie-*Dorothée*-Louise-Valençay de Talleyrand-Périgord, mariée le 6 juillet 1881 au prince héréditaire *Charles-Egon* de Fürstenberg.

Frère : *Alexandre*-Edmond de Talleyrand-Périgord, marquis de Talleyrand, né le 15 décembre 1813, marié le 8 octobre 1839 à Marie-*Valentine* Joséphine de Sainte-Aldegonde.

Enfants :

1ᵉ Charles-*Maurice*-Camille de Talleyrand-Périgord, duc de Dino, par cession de son père le 25 janvier 1887, né le 25 janvier 1843 ; marié : 1° le 18 mars 1867 à Elisabeth Beers Curtis ; divorcé le 11 août 1886 ; 2° le 25 janvier 1887 à Mme Adèle Livingston-Stevens, née Sampson.

Du premier lit :

Pauline-Marie-*Palma* de Talleyrand-Périgord, mariée le 25 septembre 1890 au prince don Mario Ruspoli.

2ᵉ *Archambaud*-Anatole-Paul de Talleyrand-Périgord, chevalier honoraire de l'ordre de Malte, capitaine de cavalerie à la suite de l'armée prussienne, né le 25 mars 1845, marié le 3 mai 1876 à Anne-Charlotte-Elisabeth-Joséphine-*Marie* de Gontaut-Biron, d'où :

A. *Hélie*-Charles-Louis de Talleyrand-Périgord, né le 20 janvier 1882 ;

B. *Alexandre*-Jean-Maurice-Paul de Talleyrand-Périgord, né le 8 août 1883 ;

C. *Anne-Hélène*-Alexandrine-Henriette-Marie de Talleyrand-Périgord ;

D. *Félicie*-Elisabeth-Marie de Talleyrand-Périgord.

Branche cadette : Charles-*Angélique* de Talleyrand-Périgord, comte de Talleyrand, grand officier de la Légion d'honneur, ancien ministre plénipotentiaire et sénateur, né le 3 juillet 1810, marié le 11 juin 1862 à Véra Benardaky, d'où :

1° Marie-*Marguerite* de Talleyrand-Périgord, mariée le 9 septembre 1884 à Marie-Ferdinand-François-Adhémar de Brotty, comte d'Antioche, décédée le 2 septembre 1890 ;
2° *Marie*-Florence de Talleyrand-Périgord.

Frère et sœur : I. Louis-Alexis-*Adalbert* de Talleyrand-Périgord, baron de Talleyrand, lieutenant-colonel du 7ᵉ régiment de hussards, né le 25 août 1826, marié le 10 mars 1868 à *Marguerite*-Françoise-Charlotte Yvelin de Béville, veuve le 8 novembre 1872, d'où :

1° Charlotte-Louise-*Marie-Thérèse* de Talleyrand-Périgord ;
2° *Charlotte*-Louise-Marie-Adalbert de Talleyrand-Périgord.

II. *Marie-Thérèse* de Talleyrand-Périgord, mariée en 1842 à sir John Errington Stanley of Huggerston-Hall, baronet.

Cousins germains : I. Ernest de Talleyrand-Périgord, comte de Talleyrand, pair de France, né le 17 mars 1807, marié le 14 octobre 1830 à Marie-Louise-Aglaé-*Suzanne* le Pelletier de Mortfontaine, veuve le 22 février 1871, d'où :

Marie-Louise-*Marguerite* de Talleyrand-Périgord, mariée le 30 septembre 1851 à Henri, prince de Ligne, veuve le 27 septembre 1871.

II. Louis de Talleyrand-Périgord, comte de Talleyrand après son frère, ancien officier de marine, né le 3 juillet 1810, marié en secondes noces le 30 juillet 1868 à Marie-Thérèse-Lucie de Brossin de Méré, veuve le 25 février 1881.